DINOSAURIER MALBUCH

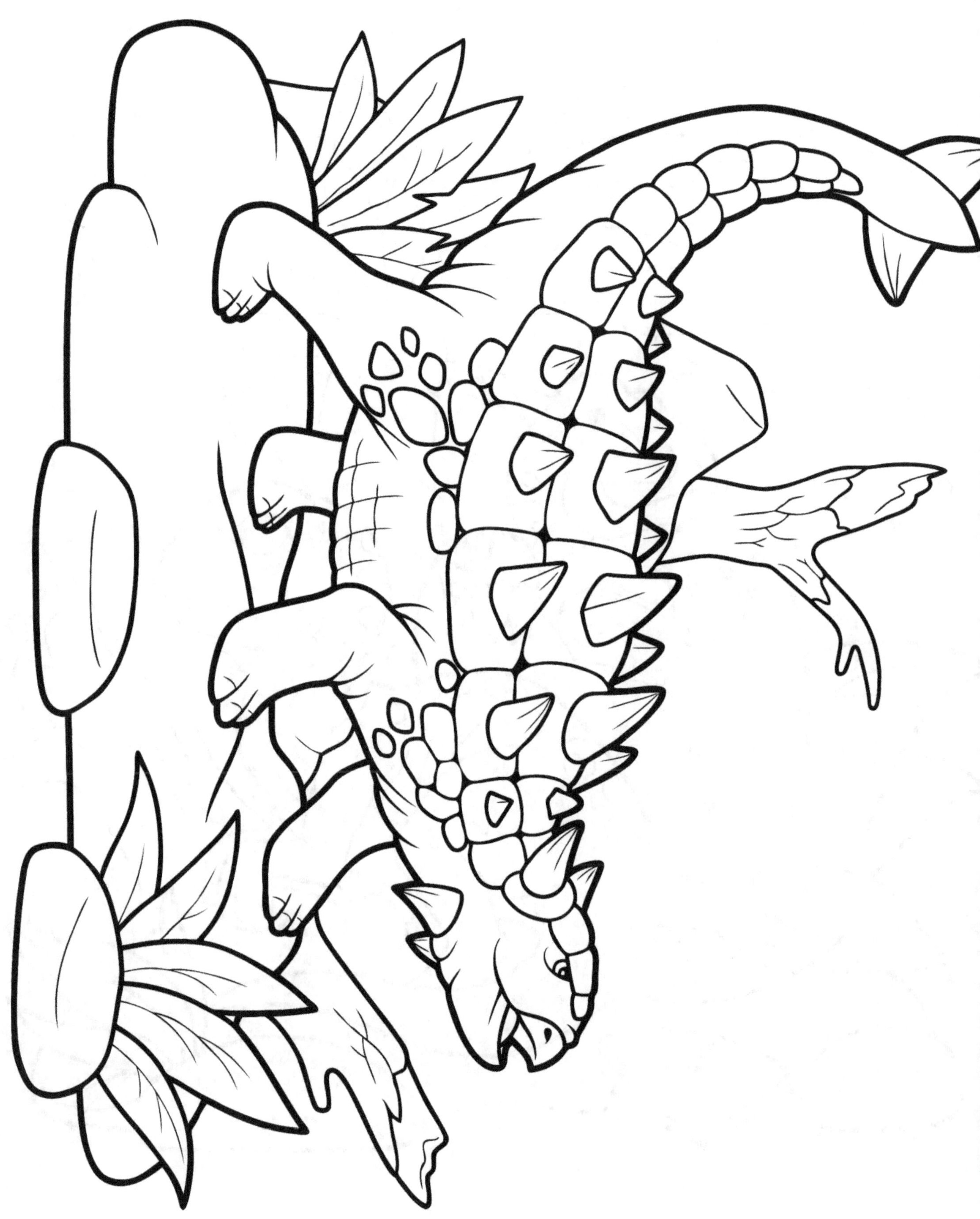

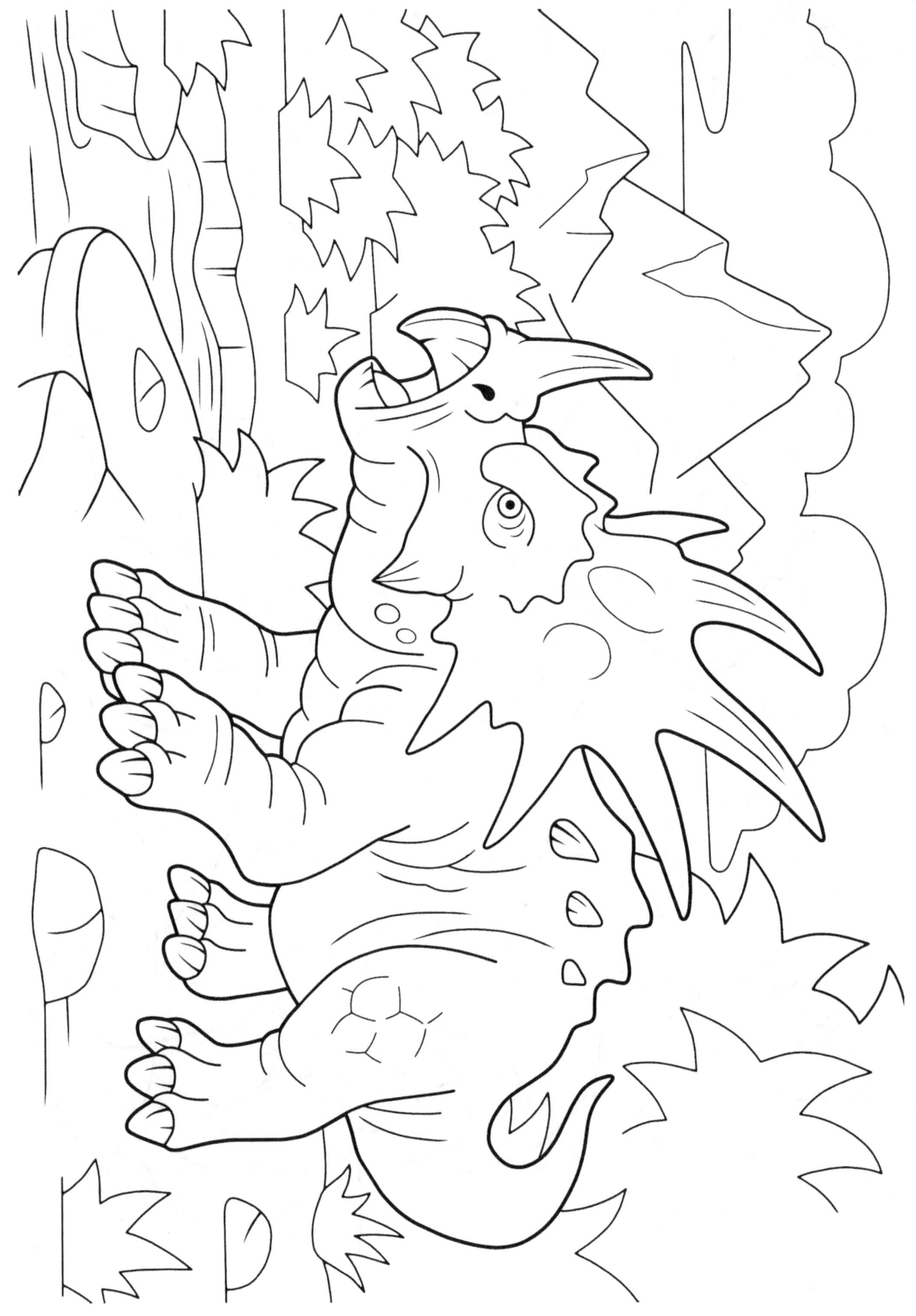

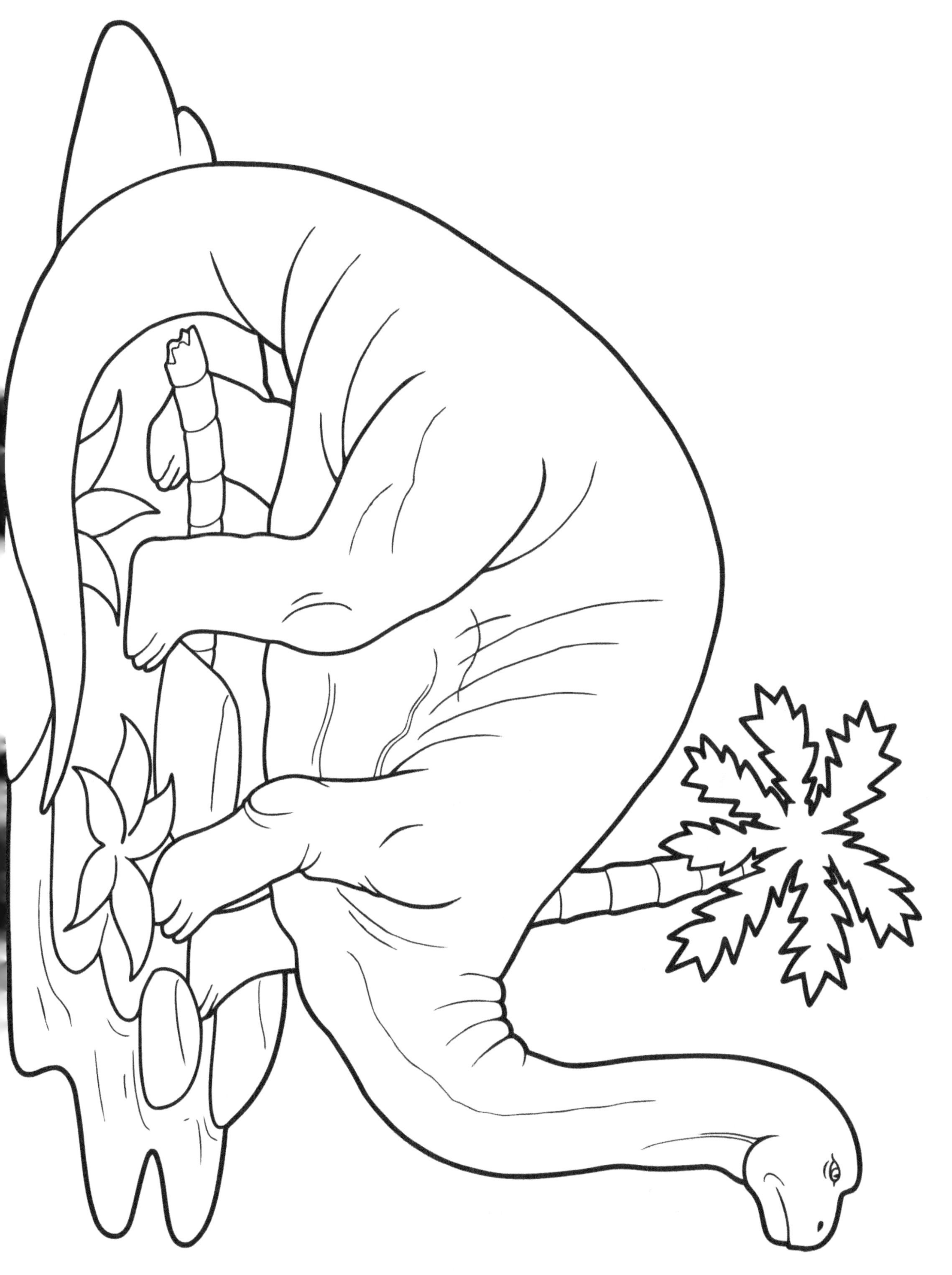

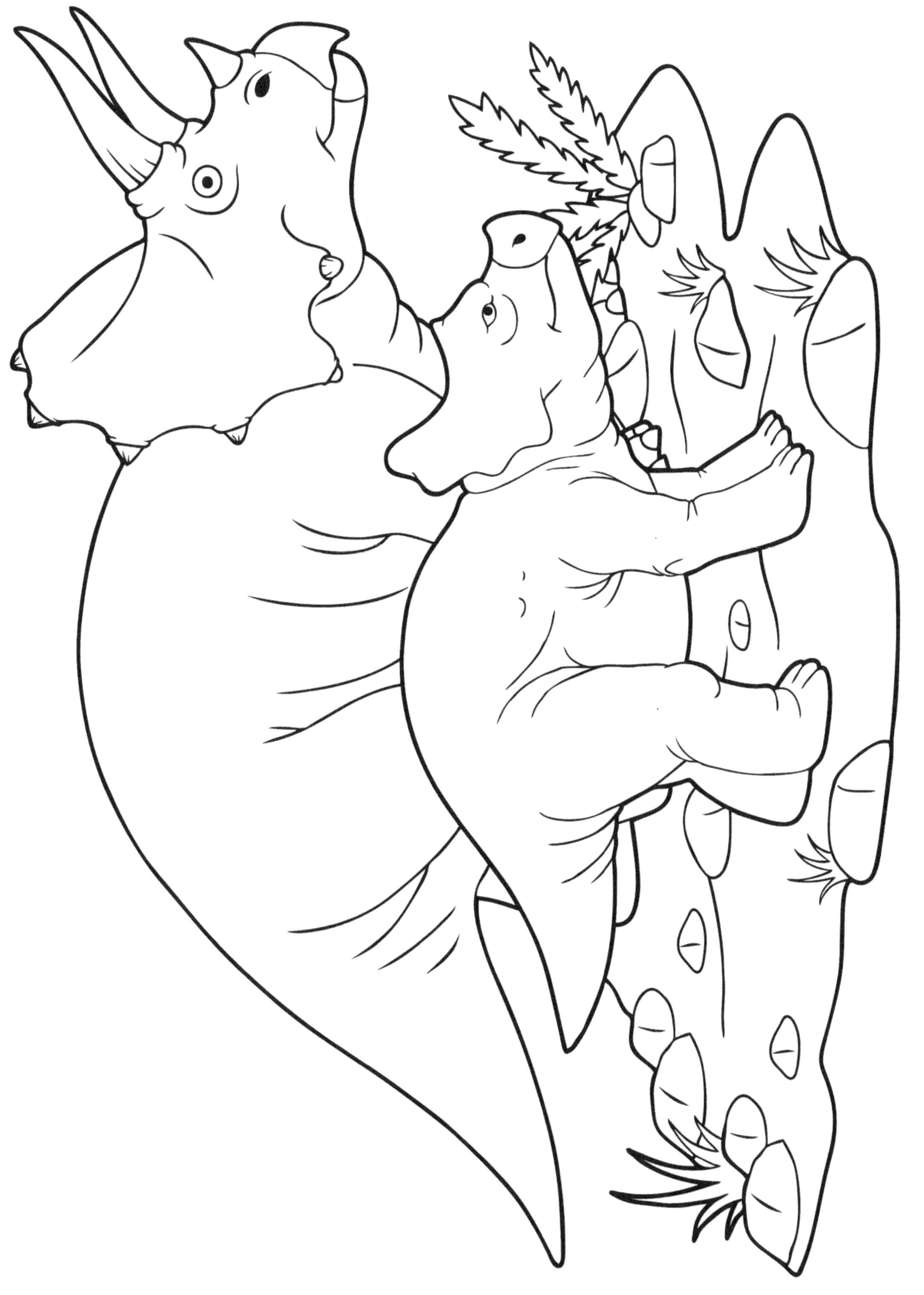

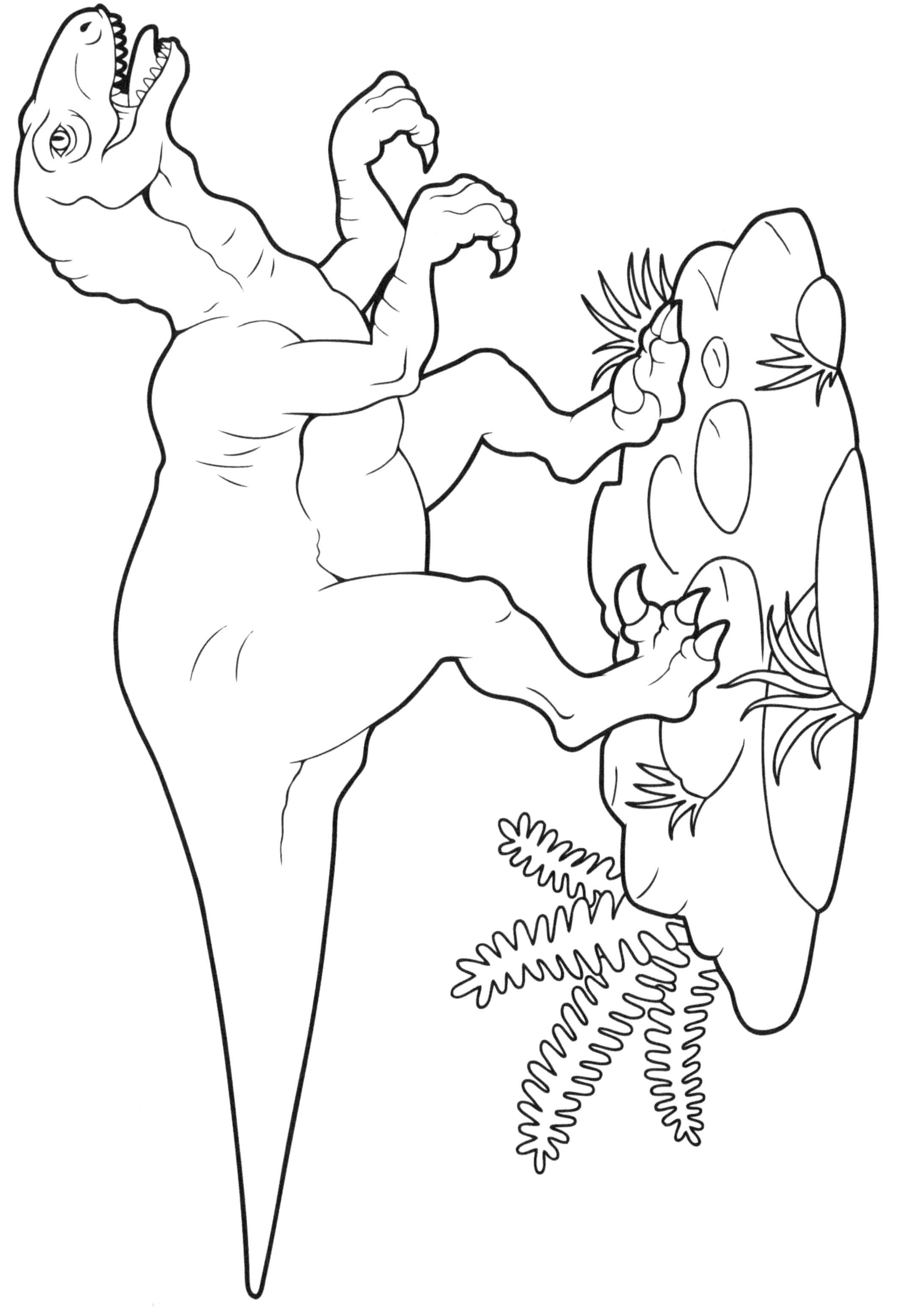